Detektivgeschi
mit Pepe und Max

Mias Geheimnis

MIT GEHEIMSCHRIFT FOLIE

Anni Mohn &
Martina Burghart-Vollhardt

circon

Baierbrunner Straße 27, 81379 München
Ausgabe 2019

Text: Anni Mohn
Illustrationen: Martina Burghart-Vollhardt
Redaktion: Jenny Bux
Fachredaktion: Tina Daub
Produktion: Ute Hausleiter
Titelabbildung: Martina Burghart-Vollhardt
Gestaltung: Roman Bold & Black, Köln
Umschlaggestaltung: Enrico Albisetti

ISBN 978-3-8174-1991-3
381741991/1

www.circonverlag.de

Der Heimweg

Pepe und Max sind Detektive. Die besten Detektive der Welt! Aber da sie gerade keinen Fall zu lösen haben, gehen sie nach der Schule langsam und aufmerksam nach Hause. Nicht, dass ihnen etwas Auffälliges entgeht!

Manchmal begleitet sie Mia auf dem Heimweg. Mia geht auch in ihre Klasse. Heute hat sie sich in den Kopf gesetzt, den ganzen Weg nach Hause Rad zu schlagen. Deshalb trägt Pepe Mias Schultasche.

Max drückt Pepe ebenfalls seine Schultasche in die Hand und sagt stolz zu Mia: „Ich kann auch Rad schlagen!“ Pepe kann keine Räder schlagen. Aber vielleicht wird er später einmal Gewichtheber, wenn das so weitergeht.

„Wir brauchen dringend einen neuen Fall“,
stellt Pepe fest.
„Aber bis dahin können wir ja Räder
schlagen!“, sagt Max und lacht.
Pepe stöhnt leise.

Plötzlich hören sie die Stimme von Mias Mutter: „Wo bleibt ihr so lange?“ Sie läuft ihnen entgegen und sagt: „Seit Mia mit euch nach Hause geht, kommt sie zu spät heim.“ Mia überlegt kurz und erklärt dann: „Pepe und Max sind Jungs. Und Jungs trödeln doch immer.“
Pepe zieht die Augenbrauen zusammen.

Was ärgert Pepe?

Jungen trödeln? Das tut doch vor allem Mia selbst gern! Schlägt etwa Pepe die Räder? Er ist sauer, sagt aber lieber nichts. Er hat keine Lust, mit Mia zu streiten.
Auch Max ist still. Pepe weiß auch, warum. Max findet Mia toll. Da kann sie noch so viel Blödsinn erzählen.

„Arme Mia!“, sagt Max, als sie weitergehen. „Ihre Mama ist ganz schön streng. Wir sind doch gar nicht so viel später zu Hause als sonst.“ Er lächelt und schwärmt: „Mia ist wahnsinnig gut im Radschlagen!“
Pepe verdreht die Augen.

Verdächtige Aussagen

Pepe ist froh, dass Max und er am nächsten Tag ohne Mia nach Hause gehen. Pepe hat nämlich ein bisschen Muskelkater vom Schleppen der Taschen.

Aber schon einen Tag später ist Mia wieder mit den beiden unterwegs.

„Kannst du auch auf den Händen laufen?“, fragt Max sie.

Doch bevor Mia antworten kann, steht erneut ihre Mutter vor ihnen.

„Jungs!“, ruft sie. „Gestern ist Mia wieder eine Stunde zu spät nach Hause gekommen!“
„Ist doch nicht so schlimm!“, sagt Mia. „Ich habe mit Max und Pepe Radschlagen geübt.“
Mias Mama packt Mia am Arm und stapft wütend davon.
Pepe kratzt sich nachdenklich am Kopf.
„Irgendetwas stimmt da nicht!“, sagt er langsam.

Wie kommt Pepe darauf? Wann war Mia das letzte Mal mit Max und Pepe unterwegs?

„Gestern sind wir doch gar nicht mit Mia nach Hause gelaufen!“, erklärt er.
„Aber Mia hat behauptet, wir hätten Radschlagen geübt“, fällt jetzt auch Max ein. „Das war dann wohl gelogen.“
„Sehr verdächtig“, meint Pepe und nickt.

„Mia scheint irgendetwas zu tun, was ihre Mutter nicht wissen darf“, überlegt Max weiter.
„Wir beide dürfen es aber auch nicht wissen. Sonst hätte sie es uns doch erzählt.“ Pepe klatscht begeistert in die Hände. Endlich ein neuer Fall!

Noch eine Lüge

Pepe und Max stehen am nächsten Morgen vor der Schule. Sie sind ein wenig zu früh dran. Das kommt selten vor. So haben sie aber noch Zeit, sich zu besprechen.

„Wir könnten Mia heimlich folgen“, schlägt Pepe vor.

„Nein. Wir sollten Mia einfach fragen, warum sie immer so spät nach Hause kommt“, sagt Max.

„Aber Mia lügt doch die ganze Zeit!“, beschwert sich Pepe. „Lüge Nummer eins: Wir sollen an ihren Verspätungen schuld sein. Lüge Nummer zwei: Wir sollen mit ihr zusammen nach Hause gegangen sein. Aber an dem Tag war sie gar nicht bei uns!“
Max zögert. „Aber sie musste doch lügen!“, ruft er aufgeregt. „Mia konnte doch nicht anders!“
„Hä?“, Pepe hebt verständnislos die Hände.

Wie meint Max das?

„Eigentlich hat Mia nur ihre Mutter angelogen, nicht uns“, erklärt Max.
„Stimmt. Sie konnte uns nicht die Wahrheit sagen, weil ihre Mutter bei uns war“, muss Pepe zugeben.
„Da ist sie!“, ruft Max. Er winkt sie zu sich.
„Hey Mia! Was machst du eigentlich immer nach der Schule?“

„Ist doch egal“, sagt Mia leise.
„Nein, überhaupt nicht!“, schimpft Pepe.
„Immerhin ist deine Mutter böse auf uns.
Dabei können wir gar nichts dafür.“
„Na gut.“ Mia holt tief Luft: „Ich gehe manchmal nach der Schule noch zum Eisessen. Meine Mutter will aber nicht, dass ich mein ganzes Geld für Süßes ausgebe.“

„Siehst du?“, sagt Max zu Pepe. „Ganz einfache Erklärung.“
„Hm.“ Pepe nickt. Als sie in die Schule hineingehen, flüstert er Max zu: „Wir werden sie trotzdem verfolgen. Wer weiß, vielleicht lügt sie ja doch!“
Da kann Max nicht widersprechen.

Als die Schule aus ist, packt Mia schnell ihre Sachen zusammen.
„Tschüss, das Eis ruft.“ Sie zwinkert Max und Pepe zu und rennt davon.
„Wir könnten doch mit!“, brüllt Max ihr hinterher. Aber Mia hört ihn nicht.
Max und Pepe folgen ihr heimlich. Mia läuft am Rathaus vorbei und biegt um die Kurve. Dann geht sie links.
„Wusste ich es doch!“, ruft Pepe. „Sie lügt schon wieder!“

Warum lügt Mia? Schau vorn auf dem Stadtplan nach!

Vor verschlossenen Türen

Eigentlich müsste Mia in Richtung Marktplatz zur Eisdiele abbiegen. Sie geht aber nach links.

„Wo läuft sie nur hin?“, rätselt Max.

„Hinterher!“, ruft Pepe.

Mia läuft die Straße entlang. Sie biegt nicht ab, sondern geht immer weiter geradeaus.
„Vielleicht will sie zu dir nach Hause?“, überlegt Max.
Nein. Mia rennt nach rechts bis zum zweiten Haus.

Wo ist Mia jetzt? Sieh vorn auf der Karte nach!

Es ist ein blaues Haus mit schönen Blumenkästen.

„Schnell!“ Max zieht Pepe am Ärmel. Aber es ist zu spät. Die Haustür ist schon zugefallen und Mia ist verschwunden.

„Sollen wir einfach irgendwo klingeln?“, fragt Pepe unsicher.
Max schüttelt den Kopf. „Lieber nicht! Meine Mama sagt immer, dass ich nicht mit fremden Menschen reden soll.“
„Meine auch.“ Pepe zupft sich verärgert an der Nase.
„Das nächste Mal sind wir schneller!“, tröstet ihn Max.

„Und was machen wir jetzt?“, fragt Pepe. Max fasst sich an den Kopf. „Habe ich ganz vergessen! Meine Mama hat mir extra Geld mitgegeben. Damit wir uns noch ein Eis kaufen können nach der Schule.“

Nur wenige Minuten später sitzen die beiden mit einem Eis am Brunnen.
„Gut, dass du mein bester Freund bist und nicht Mia“, stellt Pepe zufrieden fest.
„Warum?“, will Max wissen.
„Weil Mias Mama etwas gegen Süßes hat und deine Mama nicht“, erklärt Pepe. Er zuckt mit den Schultern. „Aber vielleicht hat Mia da auch gelogen.“

Ein guter Hinweis

„Wisst ihr, wo meine Tochter ist?“ Mias Mutter steht plötzlich neben ihnen. „Ich dachte, sie wäre vielleicht Eis essen gegangen.“

„Mia isst doch kein Eis!“, antwortet Max und macht ein unschuldiges Gesicht. „Sie soll ihr Geld nicht für Süßes ausgeben.“

„Stimmt!“, antwortet Mias Mama. Sie schaut sich suchend um.

„Mia lügt also doch nicht immer“, sagt Max leise zu Pepe. „Sie darf wirklich kein Eis essen.“

„Sollen wir Mias Mama verraten, wo sie ist?“, flüstert Pepe Max zu.

Max tippt sich mit dem Finger an die Stirn.

„Willst du Mia etwa verraten?“

„Ihr verheimlicht mir doch nichts?“, fragt Mias Mama. Sie beugt sich zu den beiden Detektiven herunter.
„Auf keinen Fall, Frau Keller“, sagt Pepe schnell. Max schüttelt heftig den Kopf.

Mias Mama wendet sich zum Gehen.
Doch dann dreht sie sich noch einmal um.
„Ich heiße übrigens nicht Keller“, sagt sie.
„So heißen nur Mia und ihr Papa. Ich habe meinen Namen nach der Hochzeit behalten.
Ich bin eine Hagelkorn. Frau Hagelkorn.“

Pepe und Max sehen ihr eine Weile schweigend hinterher.

„Und wie sieht unser nächster Plan aus?“, fragt Max.

„Wir müssen herausfinden, was Mia im blauen Haus Geheimes macht“, sagt Pepe.

Plötzlich springt er auf. „Wie heißt Mias Mama noch mal?“, ruft er.
„Hagelkorn!“ Max macht die Stimme von Mias Mama nach. „Frau Hagelkorn.“
„Und an was erinnert dich das?“

Sag selbst: An was erinnert das Pepe? Schau dir die Bilder auf den vorherigen Seiten nochmals an!

„Hagelkorn! Der Name stand doch auf dem Klingelschild!“ Pepe lacht zufrieden. „Das ist doch mal ein guter Hinweis!“

„Wie meinst du das?“, fragt Max verwundert.

„Frau Hagelkorn ist Mias Mutter. Und Mia geht in ein Haus, in dem ein Mensch namens Hagelkorn wohnt. Was sagt uns das?“

Überlege selbst: Was sagt dir das?

Max überlegt. „Vielleicht besucht Mia jemanden, mit dem sie verwandt ist?“, fragt er zögernd.

„Genau!“ Pepe rennt los. „Und nun schauen wir mal, wer das ist. Komm schnell, Max!“

Pepe und Max stehen wieder vor der Tür des blauen Hauses. Max legt seinen Zeigefinger auf den Klingelknopf, zieht seine Hand aber wieder zurück.
„Was ist?“, fragt Pepe ungeduldig.
„Und wenn Mia die Person nicht besuchen darf, weil sie gefährlich ist?“, fragt Max mit zitternder Stimme. „Könnte doch sein, oder?“

„Quatsch!“, sagt Pepe. Aber er zögert.
„Vielleicht war der Verwandte im Gefängnis? Jetzt ist er wieder draußen und Mia besucht ihn heimlich“, überlegt Max. „Weil Mia sehr lieb und total mutig ist“, fügt er hinzu.
„Pfff!“, macht Pepe und drückt den Klingelknopf. „Ich bin auch mutig.“
Die beiden Detektive warten.
„Keiner da“, stellt Max erleichtert fest.

Pepe kramt in seiner Schultasche. „Ich habe eine Idee, wie wir herausfinden können, wer die Person ist.“
„Was hast du vor?“, fragt Max neugierig.
Pepe setzt sich, holt Stift und Zettel aus seiner Tasche und schreibt los:

„Es wird sehr spannend?“ Max sieht Pepe verwundert an. „Was soll das denn heißen?“
„Genau was da steht: Es wird sehr spannend!“ Pepe reibt sich die Hände. „Jedenfalls für uns! Wir verstecken uns. Dann sehen wir ja, wer kommt.“
Max ist begeistert: „Deine Ideen sind einfach die besten!“
Gemeinsam werfen sie die Nachricht in den Briefkastenschlitz neben dem Klingelschild.

Erwischt!

Der nächste Tag will für Pepe und Max gar nicht vorbeigehen. Es dauert ewig, bis endlich Nachmittag ist. Sie sind schon um vier Uhr im Park. Erst schaukeln sie. Dann spielen sie noch ein wenig Ball.

Endlich wird es Zeit, sich zu verstecken. Max und Pepe huschen hinter einen großen Baum in der Nähe der Bank.

„Woran erkennen wir eigentlich die richtige Person?“, fragt Max.

Daran hat Pepe noch gar nicht gedacht.

„Die Person wird sich vielleicht auffällig verhalten“, vermutet er. „Jemanden suchen oder auf die Uhr blicken.“

„Vielleicht sieht die Person auch Mia ähnlich“, überlegt Max. „Immerhin sind die beiden wahrscheinlich verwandt.“
„Psst!“, macht Pepe. „Schau mal!“

Ein Mann mit großen buschigen Augenbrauen kommt an die Parkbank. Er setzt sich und kramt lange in seiner Manteltasche. Sucht er etwa Pepes Zettel? Pepe und Max halten die Luft an. Plötzlich legen sich schwere Hände auf ihre Schultern.

„Aha! Erwischt! Ihr beschattet unschuldige Parkbesucher! Das ist streng verboten!“ Pepe und Max drehen sich langsam um. Vor ihnen steht ein Polizist. Er macht ein finsteres Gesicht.

„Wir wollten nur …“, stammelt Max.
„Nur was?“, fragt der Polizist drohend.
„Wir wollten nur einen Fall aufklären“, sagt Pepe. „Wir sind nämlich Detektive.“
Der Polizist lächelt plötzlich breit.
„Soso. Detektive! Dann können wir ja zusammenarbeiten!“
Max und Pepe schauen sich erleichtert an.
Der Polizist lacht. „Na? Da habe ich euch wohl ziemlich erschreckt, was?“

„Und dieser Zettel ist dann wohl von euch?“
Er streckt ihnen Pepes Nachricht entgegen.
„Könnt ihr mir das erklären?“
„Du hast den Zettel?“ Pepe ist erstaunt.
„Heißt du Hagelkorn?“
„So ist es“, sagt der Polizist.

Pepe und Max mustern den Polizisten
von oben bis unten.
„Bist du vielleicht der Opa von Mia?“,
fragt Max.
„Ebenfalls richtig“, sagt Herr Hagelkorn.
Er sieht nun etwas verwundert aus.
„Dann hätte ich aber noch eine Frage“,
sagt Pepe.

Kannst du dir vorstellen, was Pepe fragen
will? Was willst du selbst noch wissen?

„Warum darf Miss Momo nicht wissen, dass Mia dich besucht?“

Der Polizist räuspert sich. „Ich habe mich mit meiner Tochter gestritten, weil ich ihr einen Strafzettel gegeben habe. Sie ist zu schnell gefahren.“

„Wie gemein“, findet Max. „Das ist doch nur dein Beruf!“

„Richtig“, sagt Herr Hagelkorn. „Seit dem Streit kommt Mia heimlich zu mir, weil meine Tochter es ihr verboten hat. Aber stellt euch vor: Ich bin gestern mit dem Zettel zu Mia gegangen. Ihre Schrift sieht genauso aus wie eure! Da habe ich mir gleich gedacht, dass der Brief etwas mit ihr zu tun hat. Immerhin bin ich Polizist! Und das Beste ist: Ich habe mich bei meinem Besuch wieder mit meiner Tochter vertragen. Ich bin so froh!“

„Also haben wir nicht nur den Fall gelöst, sondern auch einen Streit geschlichtet.“ Pepe grinst zufrieden.

„Wollt ihr zwei nicht Polizisten werden?“, fragt Herr Hagelkorn.

„Hast du denn nicht richtig zugehört?“ Pepe schüttelt den Kopf. „Wir haben doch schon einen Beruf.“

Stimmt! Pepe und Max sind einfach die besten Detektive der Welt!